Te Amo Dip[ ]
una promesa para siempre

Por Michelle Lee Graham

Te amo Dippy Lippy: una promesa para siempre

Copyright© 2022 Michelle Lee Graham, TODOS LOS DERECHOS RESERVADOS.

Ninguna parte de este libro, o sus materiales auxiliares asociados, pueden ser reproducidos o transmitidos de ninguna forma o por ningún medio, electrónico o mecánico, incluyendo fotocopias, grabaciones o cualquier sistema de almacenamiento o recuperación de información sin el permiso del editor.

Editora: Alexa Tanen

Ilustradora: Yelyzaveta Serdyuk

Formato: Rocío Monroy

Fotógrafa: Jacqui Banta

Este libro está dedicado a mi hija fuerte y creativa, Rachel Ross. ¡Me has enseñado a amar más profundamente de lo que nunca supe que podía! Tu vida y amor me han hecho una mejor persona y una mamá orgullosa. ¡Te amo, Dippy Lippy será para siempre nuestra promesa especial! ¡Llenas mi corazón de un amor inquebrantable!

El reloj marcaba las 8:00 pm, era hora de que Rachel se acostara a dormir. Era hora de comenzar nuestra rutina de la noche, contando historias y diciendo nuestras oraciones. Rachel se acurrucó en sus cobijas cálidas, sus hermosos ojos azules se asomaron por encima, "Mami, ¿me volverás a decir cuánto me amas?"

Esto era a menudo parte de nuestra rutina de la noche. Antes de que Rachel pudiera terminar la pregunta, ya había estirado mis brazos tanto como podía. "¡Te amo tanto como a todos los peces en el océano y todas las aves en el cielo!" Rachel respondió: "Te amo tanto como a todas las estrellas del universo".

Ambas nos reímos, y puse las cobijas con fuerza alrededor de su cuerpo pequeño. Me incliné y le susurré al oído: "Y te amo aún más que todo eso". Ella sonrió en silencio y cerró los ojos para dormir. Con el paso de los años; nunca nos cansamos de nuestra rutina de la noche. Rachel y yo compartíamos cuánto nos amábamos de maneras divertidas e imaginativas.

El reloj marcaba las 8:00 pm, era hora de que Rachel se acostara a dormir. Era hora de comenzar nuestra rutina de la noche, contando historias y diciendo nuestras oraciones.
Rachel comenzó a decir: "Te quiero tanto como a todos los granos de arena de la playa". Seguí con "¡Te amo tanto como a todos los granos de arena en la playa y todas las hojas en los árboles!"

Rachel agarró mi cuello en un gran y cálido abrazo.
"¡Te quiero mucho, mami!"
Me incliné y le susurré al oído:
"Y te amo aún más que todo eso".

El reloj marcaba las 8:00 pm, era hora de acostarse para Rachel. Esta vez, fui yo quien comenzó, "Te amo tanto como a todas las hebras de hierba en todos los campos". Rachel se quedó callada, así que agregué más. "Y tan alto como la montaña más alta..." Ella todavía estaba callada.

"Tanto como todas las cosquillas de todas las mamás y papás". Le hice cosquillas a los lados de sus estomago mientras se reía. Cuando puse las cobijas alrededor de su cuerpo pequeño, Rachel finalmente respondió: "Mami, ojalá hubiera una palabra que fuera más grande que todo. ¡Una palabra que es la más grande de todas las otras palabras y que nada podría ser más grande porque así es cuánto te amo!"

Sonreí suavemente y pasé mi mano en su mejilla. Pensé en silencio por un momento. Entonces tuve una idea.

"¿Qué pasa si inventamos nuestra propia palabra? ¿Una palabra que signifique la más grande de todas las cosas? Podría ser cualquier cosa que queramos, y será nuestra propia palabra especial".

De repente, Rachel se rio. "Podría ser "Dippy Lippy". "¿Dippy Lippy?" Ella sonrió con confianza, "¡Sí, te amo, Dippy Lippy!" Ambas nos reímos, muy orgullosas de nosotras mismas. Le devolví el sentimiento, "Y Rachel, yo también te amo, Dippy Lippy. Besé la parte superior de su nariz. Rachel se acostó en su cama con una sonrisa de oreja a oreja. Sabíamos que habíamos creado algo especial.

Besé la parte superior de su nariz.
Rachel se acostó en su cama con una sonrisa de oreja a oreja.
Sabíamos que habíamos creado algo especial.

La noche siguiente, hablamos más sobre Dippy Lippy. Estábamos emocionadas de tener nuestra propia palabra. Estuvimos de acuerdo en que nada podría ser más grande, más fuerte, más alto o más que Dippy Lippy. No podía haber más de un Dippy Lippy porque ya era "el más grande y poderoso" por sí solo.

Con el paso de los años, la hora de acostarse siempre incluía cuentos, oraciones y, por supuesto, Dippy Lippy.

Volví a preguntar,
"Rachel, ¿estás segura de que no tienes tarea?"
Rachel negó con la cabeza, tratando de asegurarme que no tenía tarea, pero manteniendo la cabeza baja.
Esta vez, me incliné.

"Rachel, ¿Dippy Lippy me prometes que no tienes deberes?"
Rachel me miró rápidamente. Nunca habíamos dicho eso antes.
Sus ojos azules brillantes comenzaron a llenarse de lágrimas.
"Lo siento mami, iré a hacer mi tarea".

A partir de ese día, Dippy Lippy se convirtió para nosotras en más que nuestra expresión de cuánto nos amábamos, se convirtió en nuestra promesa en cada situación en la que se necesitaba.

Con el paso de los años, Rachel se convirtió en una adolescente, pero yo seguía yendo a su habitación por la noche. Le preguntaba cómo estuvo su día y, a veces, decía: "Hola Rach, te amo, Dippy Lippy".

Ella sonreía. En cierto modo, a ella le encantaba. En otros sentidos, no le gustaba. Era una tontería, ahora que era una adolescente. Sin embargo, ella respondía, "Yo también te amo, mamá", y a veces agregaba, "Dippy Lippy".

Pasaron más años y Rachel se graduó de la preparatoria. El día de su graduación, estaba muy orgullosa de ella.

Me senté a escribirle una carta para expresarle cuánto la amaba. Escribí una carta larga sobre sus excelentes decisiones y su dedicación a la escuela. Traté de decir todo lo que se me ocurrió, pero me encontré sin suficientes palabras para expresar mi amor y orgullo. De repente, se me ocurrió decir, "¡Te amo, Dippy Lippy!"

Después de eso, Rachel se mudó para ir a la universidad. La extrañe mucho. Me pregunté si se estaba divirtiendo, si se mantenía a salvo y si pensaba en mí tanto como yo pensaba en ella.

Mientras estaba acostada en la cama una noche, pensando en mi niña, recibí un mensaje de texto. Con solo unas pocas palabras, iluminó mi estado de ánimo. "Te amo, Mamá Dippy Lippy". Me acosté allí y sonreí de oreja a oreja.

Pasaron más años y Rachel ahora tenía un esposo, hijos y su propia casa.

Había vivido una buena vida,
pero me estaba volviendo mucho más vieja y débil.

Un día, Rachel llamó. Habló sobre su ajetreada vida, su trabajo, los niños y los proyectos en los que estaba trabajando. Me encantó escuchar todo sobre eso. Cuando fue mi turno de hablar, me aclaré la garganta. "Estoy bien". No estaba diciendo toda la verdad: estaba frágil y enferma.

"Mamá, ¿estás bien?"

"Sí, por supuesto" mentí.

"Mamá, promételo Dippy Lippy, ¿estás bien?"

Con lágrimas en los ojos, supe que tenía que decir la verdad. Estaba muy enferma y no viviría mucho más. Le pedí a Rachel que me hiciera una última promesa de Dippy Lippy. Con lágrimas rodando por sus mejillas, me lo prometió.

El reloj marcaba las 8:00 pm. Era hora de acostarse. Rachel se sentó a un lado de la cama de su hija, con lágrimas en los ojos y una nueva comprensión del poder de una promesa de madre e hija.

Rachel se inclinó y le susurró a su preciosa niña.
"Te amo, Dippy Lippy".

Fin

ACERCA DE LA AUTORA

Michelle Lee Graham es una autora dinámica y una directora general inspiradora. Su vulnerabilidad la ayuda a generar una motivación auténtica y multifacética. Michelle encuentra satisfacción en la maternidad con sus cinco increíbles hijos. Su carrera exitosa y su familia inspiran continuamente a Michelle a compartir su historia con otros.

http://michelleleegraham.com/

OTROS LIBROS DE MICHELLE :

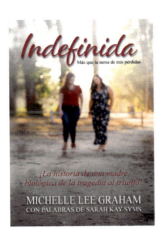

Todos los libros están disponibles en inglés

Disponibles en

Escanea el código para obtener tu propia copia

Made in the USA
Middletown, DE
09 September 2024